¡Nuestra maravillosa Tierra!

ARRECIFES

Tanner Billings
Traducido por Diana Osorio

Gareth Stevens
PUBLISHING

Please visit our website, www.garethstevens.com.
For a free color catalog of all our high-quality books, call toll free 1-800-542-2595 or fax 1-877-542-2596.

Library of Congress Cataloging-in-Publication Data
Names: Billings, Tanner, author.
Title: Arrecifes / Tanner Billings.
Description: New York : Gareth Stevens Publishing, [2023] | Series: ¡Nuestra maravillosa Tierra! | Includes index.
Identifiers: LCCN 2021039095 | ISBN 9781538275962 (Set) | ISBN 9781538275979 (Library Binding) | ISBN 9781538275955 (Paperback) | ISBN 9781538275986 (eBook)
Subjects: LCSH: Reefs–Juvenile literature. | Coral reefs and islands–Juvenile literature. | Reef plants–Juvenile literature. | Reef organisms–Juvenile literature.
Classification: LCC GB461 .B55 2023 | DDC 577.7/89–dc23/eng/20211008
LC record available at https://lccn.loc.gov/2021039095

First Edition

Published in 2023 by
Gareth Stevens Publishing
29 East 21st Street
New York, NY 10010

Translator: Diana Osorio
Editor, Spanish: Diana Osorio
Editor, English: Kate Mikoley
Designer: Tanya Dellaccio

Photo credits: Cover V_E/Shutterstock.com; p. 5 silvae/Shutterstock.com; p. 7 Damsea/Shutterstock.com; p. 9 Dobermaraner/Shutterstock.com; p. 11 SARAWUT KUNDEJ/Shutterstock.com; p. 13 Pawe? Borówka/ Shutterstock.com; pp. 15, 19 Volodymyr Goinyk/Shutterstock.com; p. 17 stephan kerkhofs/Shutterstock.com; p. 21 tororo reaction/Shutterstock.com; p. 23 ChameleonsEye/Shutterstock.com.

Printed in the United States of America

CPSIA compliance information: Batch #CSGS23: For further information contact Gareth Stevens, New York, New York at 1-800-542-2595.

Contenido

Un arrecife se
encuentra en el mar.
Está cerca
de la cumbre.

Algunos son de roca.

Algunos están hechos de pequeños animales. Estos animales se llaman corales.

El coral tiene
una parte sólida.
Puede formar
un arrecife.

Aquí viven
muchos peces.
Las plantas
también lo hacen.

Los corales son de muchos colores.

Algunos son rojos.
Otros son azules.

Los arrecifes crecen durante muchos años.

Pueden ser grandes. La Gran Barrera de Coral es grande.

Puedes ir a un arrecife.
¡No toques nada!

Palabras que debes aprender

coral

pez

planta

Índice